D1711589

This Journal belongs to:

January 1

20..

20..

20..

20..

20..

January 2

20..

20..

20..

20..

20..

January 3

20..

20..

20..

20..

20..

January 4

20..

20..

20..

20..

20..

January 5

20..

20..

20..

20..

20..

January 6

20..

20..

20..

20..

20..

January 7

20..

20..

20..

20..

20..

January 8

20..

20..

20..

20..

20..

January 9

20..

20..

20..

20..

20..

January 10

20..

20..

20..

20..

20..

January 11

20..

20..

20..

20..

20..

January 12

2 0 . .

2 0 . .

2 0 . .

2 0 . .

2 0 . .

January 13

20..

20..

20..

20..

20..

January 14

20..

20..

20..

20..

20..

January 15

20..

20..

20..

20..

20..

January 16

20..

20..

20..

20..

20..

January 17

20..

20..

20..

20..

20..

January 18

20..

20..

20..

20..

20..

January 19

20..

20..

20..

20..

20..

January 20

20..

20..

20..

20..

20..

January 21

20..

20..

20..

20..

20..

January 22

20..

20..

20..

20..

20..

January 23

20..

20..

20..

20..

20..

January 24

20..

20..

20..

20..

20..

January 25

20..

20..

20..

20..

20..

January 26

20..

20..

20..

20..

20..

January 27

20..

20..

20..

20..

20..

January 28

20..

20..

20..

20..

20..

January 29

20..

20..

20..

20..

20..

January 30

20..

20..

20..

20..

20..

January 31

20..

20..

20..

20..

20..

February 1

20..

20..

20..

20..

20..

February 2

20..

20..

20..

20..

20..

February 3

20..

20..

20..

20..

20..

February 4

20..

20..

20..

20..

20..

February 5

20..

20..

20..

20..

20..

February 6

20..

20..

20..

20..

20..

February 7

20..

20..

20..

20..

20..

February 8

20..

20..

20..

20..

20..

February 9

20..

20..

20..

20..

20..

February 10

20..

20..

20..

20..

20..

February 11

20..

20..

20..

20..

20..

February 12

20..

20..

20..

20..

20..

February 13

20..

20..

20..

20..

20..

February 14

20..

20..

20..

20..

20..

February 15

20..

20..

20..

20..

20..

February 16

20..

20..

20..

20..

20..

February 17

20..

20..

20..

20..

20..

February 18

20..

20..

20..

20..

20..

February 19

20..

20..

20..

20..

20..

February 20

20..

20..

20..

20..

20..

February 21

20..

20..

20..

20..

20..

February 22

20..

20..

20..

20..

20..

February 23

20..

20..

20..

20..

20..

February 24

20..

20..

20..

20..

20..

February 25

20..

20..

20..

20..

20..

February 26

20..

20..

20..

20..

20..

February 27

20..

20..

20..

20..

20..

February 28

20..

20..

20..

20..

20..

February 29

20..

20..

20..

20..

20..

March 1

20..

20..

20..

20..

20..

March 2

20..

20..

20..

20..

20..

March 3

20..

20..

20..

20..

20..

March 4

20..

20..

20..

20..

20..

March 5

20..

20..

20..

20..

20..

March 6

20..

20..

20..

20..

20..

March 7

20..

20..

20..

20..

20..

March 8

20..

20..

20..

20..

20..

March 9

20..

20..

20..

20..

20..

March 10

20..

20..

20..

20..

20..

March 11

20..

20..

20..

20..

20..

March 12

20..

20..

20..

20..

20..

March 13

20..

20..

20..

20..

20..

March 14

20..

20..

20..

20..

20..

March 15

20..

20..

20..

20..

20..

March 16

20..

20..

20..

20..

20..

March 17

20..

20..

20..

20..

20..

March 18

20..

20..

20..

20..

20..

March 19

20..

20..

20..

20..

20..

March 20

20..

20..

20..

20..

20..

March 21

20..

20..

20..

20..

20..

March 22

20..

20..

20..

20..

20..

March 23

20..

20..

20..

20..

20..

March 24

20..

20..

20..

20..

20..

March 25

20..

20..

20..

20..

20..

March 26

20..

20..

20..

20..

20..

March 27

20..

20..

20..

20..

20..

March 28

20..

20..

20..

20..

20..

March 29

20..

20..

20..

20..

20..

March 30

20..

20..

20..

20..

20..

March 31

20..

20..

20..

20..

20..

April 1

20..

20..

20..

20..

20..

April 2

20..

20..

20..

20..

20..

April 3

20..

20..

20..

20..

20..

April 4

20..

20..

20..

20..

20..

April 5

20..

20..

20..

20..

20..

April 6

20..

20..

20..

20..

20..

April 7

20..

20..

20..

20..

20..

April 8

20..

20..

20..

20..

20..

April 9

20..

20..

20..

20..

20..

April 10

20..

20..

20..

20..

20..

April 11

20..

20..

20..

20..

20..

April 12

20..

20..

20..

20..

20..

April 13

20..

20..

20..

20..

20..

April 14

20..

20..

20..

20..

20..

April 15

20..

20..

20..

20..

20..

April 16

20..

20..

20..

20..

20..

April 17

20..

20..

20..

20..

20..

April 18

20..

20..

20..

20..

20..

April 19

20..

20..

20..

20..

20..

April 20

20..

20..

20..

20..

20..

April 21

20..

20..

20..

20..

20..

April 22

20..

20..

20..

20..

20..

April 23

20..

20..

20..

20..

20..

April 24

20..

20..

20..

20..

20..

April 25

20..

20..

20..

20..

20..

April 26

20..

20..

20..

20..

20..

April 27

20..

20..

20..

20..

20..

April 28

20..

20..

20..

20..

20..

April 29

20..

20..

20..

20..

20..

April 30

20..

20..

20..

20..

20..

May 1

20..

20..

20..

20..

20..

May 2

20..

20..

20..

20..

20..

May 3

20..

20..

20..

20..

20..

May 4

20..

20..

20..

20..

20..

May 5

20..

20..

20..

20..

20..

May 6

20..

20..

20..

20..

20..

May 7

20..

20..

20..

20..

20..

May 8

20..

20..

20..

20..

20..

May 9

20..

20..

20..

20..

20..

May 10

20..

20..

20..

20..

20..

May 11

20..

20..

20..

20..

20..

May 12

20..

20..

20..

20..

20..

May 13

20..

20..

20..

20..

20..

May 14

20..

20..

20..

20..

20..

May 15

20..

20..

20..

20..

20..

May 16

20..

20..

20..

20..

20..

May 17

20..

20..

20..

20..

20..

May 18

20..

20..

20..

20..

20..

May 19

20..

20..

20..

20..

20..

May 20

20..

20..

20..

20..

20..

May 21

20..

20..

20..

20..

20..

May 22

20..

20..

20..

20..

20..

May 23

20..

20..

20..

20..

20..

May 24

20..

20..

20..

20..

20..

May 25

20..

20..

20..

20..

20..

May 26

20..

20..

20..

20..

20..

May 27

20..

20..

20..

20..

20..

May 28

20..

20..

20..

20..

20..

May 29

20..

20..

20..

20..

20..

May 30

20..

20..

20..

20..

20..

May 31

20..

20..

20..

20..

20..

June 1

20..

20..

20..

20..

20..

June 2

20..

20..

20..

20..

20..

June 3

20..

20..

20..

20..

20..

June 4

20..

20..

20..

20..

20..

June 5

20..

20..

20..

20..

20..

June 6

20..

20..

20..

20..

20..

June 7

20..

20..

20..

20..

20..

June 8

20..

20..

20..

20..

20..

June 9

20..

20..

20..

20..

20..

June 10

20..

20..

20..

20..

20..

June 11

20..

20..

20..

20..

20..

June 12

20..

20..

20..

20..

20..

June 13

20..

20..

20..

20..

20..

June 14

20..

20..

20..

20..

20..

June 15

20..

20..

20..

20..

20..

June 16

20..

20..

20..

20..

20..

June 17

20..

20..

20..

20..

20..

June 18

20..

20..

20..

20..

20..

June 19

20..

20..

20..

20..

20..

June 20

20..

20..

20..

20..

20..

June 21

20..

20..

20..

20..

20..

June 22

20..

20..

20..

20..

20..

June 23

20..

20..

20..

20..

20..

June 24

20..

20..

20..

20..

20..

June 25

20..

20..

20..

20..

20..

June 26

20..

20..

20..

20..

20..

June 27

20..

20..

20..

20..

20..

June 28

20..

20..

20..

20..

20..

June 29

20..

20..

20..

20..

20..

June 30

20..

20..

20..

20..

20..

July 1

20..

20..

20..

20..

20..

July 2

20..

20..

20..

20..

20..

July 3

20..

20..

20..

20..

20..

July 4

20..

20..

20..

20..

20..

July 5

20..

20..

20..

20..

20..

July 6

20..

20..

20..

20..

20..

July 7

20..

20..

20..

20..

20..

July 8

20..

20..

20..

20..

20..

July 9

20..

20..

20..

20..

20..

July 10

20..

20..

20..

20..

20..

July 11

20..

20..

20..

20..

20..

July 12

20..

20..

20..

20..

20..

July 13

20..

20..

20..

20..

20..

July 14

20..

20..

20..

20..

20..

July 15

20..

20..

20..

20..

20..

July 16

20..

20..

20..

20..

20..

July 17

20..

20..

20..

20..

20..

July 18

20..

20..

20..

20..

20..

July 19

20..

20..

20..

20..

20..

July 20

20..

20..

20..

20..

20..

July 21

20..

20..

20..

20..

20..

July 22

20..

20..

20..

20..

20..

July 23

20..

20..

20..

20..

20..

July 24

20..

20..

20..

20..

20..

July 25

20..

20..

20..

20..

20..

July 26

20..

20..

20..

20..

20..

July 27

20..

20..

20..

20..

20..

July 28

20..

20..

20..

20..

20..

July 29

20..

20..

20..

20..

20..

July 30

20..

20..

20..

20..

20..

July 31

20..

20..

20..

20..

20..

August 1

20..

20..

20..

20..

20..

August 2

20..

20..

20..

20..

20..

August 3

20..

20..

20..

20..

20..

August 4

20..

20..

20..

20..

20..

August 5

20..

20..

20..

20..

20..

August 6

20..

20..

20..

20..

20..

August 7

20..

20..

20..

20..

20..

August 8

20..

20..

20..

20..

20..

August 9

20..

20..

20..

20..

20..

August 10

20..

20..

20..

20..

20..

August 11

20..

20..

20..

20..

20..

August 12

20..

20..

20..

20..

20..

August 13

20..

20..

20..

20..

20..

August 14

20..

20..

20..

20..

20..

August 15

20..

20..

20..

20..

20..

August 16

20..

20..

20..

20..

20..

August 17

20..

20..

20..

20..

20..

August 18

20..

20..

20..

20..

20..

August 19

20..

20..

20..

20..

20..

August 20

20..

20..

20..

20..

20..

August 21

20..

20..

20..

20..

20..

August 22

20..

20..

20..

20..

20..

August 23

20..

20..

20..

20..

20..

August 24

20..

20..

20..

20..

20..

August 25

20..

20..

20..

20..

20..

August 26

20..

20..

20..

20..

20..

August 27

20..

20..

20..

20..

20..

August 28

20..

20..

20..

20..

20..

August 29

20..

20..

20..

20..

20..

August 30

20..

20..

20..

20..

20..

August 31

20..

20..

20..

20..

20..

September 1

20..

20..

20..

20..

20..

September 2

20..

20..

20..

20..

20..

September 3

20..

20..

20..

20..

20..

September 4

20..

20..

20..

20..

20..

September 5

20..

20..

20..

20..

20..

September 6

20..

20..

20..

20..

20..

September 7

20..

20..

20..

20..

20..

September 8

20..

20..

20..

20..

20..

September 9

20..

20..

20..

20..

20..

September 10

20..

20..

20..

20..

20..

September 11

20..

20..

20..

20..

20..

September 12

20..

20..

20..

20..

20..

September 13

20..

20..

20..

20..

20..

September 14

20..

20..

20..

20..

20..

September 15

20..

20..

20..

20..

20..

September 16

20..

20..

20..

20..

20..

September 17

20..

20..

20..

20..

20..

September 18

20..

20..

20..

20..

20..

September 19

20..

20..

20..

20..

20..

September 20

20..

20..

20..

20..

20..

September 21

20..

20..

20..

20..

20..

September 22

20..

20..

20..

20..

20..

September 23

20..

20..

20..

20..

20..

September 24

20..

20..

20..

20..

20..

September 25

20..

20..

20..

20..

20..

September 26

20..

20..

20..

20..

20..

September 27

20..

20..

20..

20..

20..

September 28

20..

20..

20..

20..

20..

September 29

20..

20..

20..

20..

20..

September 30

20..

20..

20..

20..

20..

October 1

20..

20..

20..

20..

20..

October 2

20..

20..

20..

20..

20..

October 3

20..

20..

20..

20..

20..

October 4

20..

20..

20..

20..

20..

October 5

20..

20..

20..

20..

20..

October 6

20..

20..

20..

20..

20..

October 7

20..

20..

20..

20..

20..

October 8

20..

20..

20..

20..

20..

October 9

20..

20..

20..

20..

20..

October 10

20..

20..

20..

20..

20..

October 11

20..

20..

20..

20..

20..

October 12

20..

20..

20..

20..

20..

October 13

20..

20..

20..

20..

20..

October 14

20..

20..

20..

20..

20..

October 15

20..

20..

20..

20..

20..

October 16

20..

20..

20..

20..

20..

October 17

20..

20..

20..

20..

20..

October 18

20..

20..

20..

20..

20..

October 19

20..

20..

20..

20..

20..

October 20

20..

20..

20..

20..

20..

October 21

20..

20..

20..

20..

20..

October 22

20..

20..

20..

20..

20..

October 23

20..

20..

20..

20..

20..

October 24

20..

20..

20..

20..

20..

October 25

20..

20..

20..

20..

20..

October 26

20..

20..

20..

20..

20..

October 27

20..

20..

20..

20..

20..

October 28

20..

20..

20..

20..

20..

October 29

20..

20..

20..

20..

20..

October 30

20..

20..

20..

20..

20..

October 31

20..

20..

20..

20..

20..

November 1

20..

20..

20..

20..

20..

November 2

20..

20..

20..

20..

20..

November 3

20..

20..

20..

20..

20..

November 4

20..

20..

20..

20..

20..

November 5

20..

20..

20..

20..

20..

November 6

20..

20..

20..

20..

20..

November 7

20..

20..

20..

20..

20..

November 8

20..

20..

20..

20..

20..

November 9

20..

20..

20..

20..

20..

November 10

20..

20..

20..

20..

20..

November 11

20..

20..

20..

20..

20..

November 12

20..

20..

20..

20..

20..

November 13

20..

20..

20..

20..

20..

November 14

20..

20..

20..

20..

20..

November 15

20..

20..

20..

20..

20..

November 16

20..

20..

20..

20..

20..

November 17

20..

20..

20..

20..

20..

November 18

20..

20..

20..

20..

20..

November 19

20..

20..

20..

20..

20..

November 20

20..

20..

20..

20..

20..

November 21

20..

20..

20..

20..

20..

November 22

20..

20..

20..

20..

20..

November 23

20..

20..

20..

20..

20..

November 24

20..

20..

20..

20..

20..

November 25

20..

20..

20..

20..

20..

November 26

20..

20..

20..

20..

20..

November 27

20..

20..

20..

20..

20..

November 28

20..

20..

20..

20..

20..

November 29

20..

20..

20..

20..

20..

November 30

20..

20..

20..

20..

20..

December 1

20..

20..

20..

20..

20..

December 2

20..

20..

20..

20..

20..

December 3

20..

20..

20..

20..

20..

December 4

20..

20..

20..

20..

20..

December 5

20..

20..

20..

20..

20..

December 6

20..

20..

20..

20..

20..

December 7

20..

20..

20..

20..

20..

December 8

20..

20..

20..

20..

20..

December 9

20..

20..

20..

20..

20..

December 10

20..

20..

20..

20..

20..

December 11

20..

20..

20..

20..

20..

December 12

20..

20..

20..

20..

20..

December 13

20..

20..

20..

20..

20..

December 14

20..

20..

20..

20..

20..

December 15

20..

20..

20..

20..

20..

December 16

20..

20..

20..

20..

20..

December 17

20..

20..

20..

20..

20..

December 18

20..

20..

20..

20..

20..

December 19

20..

20..

20..

20..

20..

December 20

20..

20..

20..

20..

20..

December 21

20..

20..

20..

20..

20..

December 22

20..

20..

20..

20..

20..

December 23

20..

20..

20..

20..

20..

December 24

20..

20..

20..

20..

20..

December 25

20..

20..

20..

20..

20..

December 26

20..

20..

20..

20..

20..

December 27

20..

20..

20..

20..

20..

December 28

20..

20..

20..

20..

20..

December 29

20..

20..

20..

20..

20..

December 30

20..

20..

20..

20..

20..

December 31

20..

20..

20..

20..

20..

Made in the USA
Monee, IL
16 April 2023